Ex Libris

Für Dich!

ISBN 3-8157-3868-7
© 2005 Coppenrath Verlag, Münster
Alle Rechte vorbehalten, auch auszugsweise
Printed in China
www.coppenrath.de

Sandra Reber

Wintertraum & Weihnachtszauber

Geschenke, Rezepte, Gedichte

COPPENRATH

Für 4 Stück:

4 Äpfel mit Stiel
1 Eiweiß
Zucker
Puderzucker

Schneeäpfel

Malen Sie ein kleines Bild auf Papier, z.B. ein Herz, einen Stern oder den Anfangsbuchstaben eines lieben Menschen, und schneiden dieses viermal aus. Das Eiweiß steif schlagen. Zucker und Puderzucker im Verhältnis 2:1 mischen. Die Äpfel nacheinander vollständig mit dem Eiweiß bepinseln, dabei die Schablone vorsichtig andrücken. Die Äpfel zum Drehen am Stiel fassen und die Zuckermischung darüber sieben. Die Schablone erst abziehen, wenn der Zucker vollständig getrocknet ist. Falls das Motiv ein wenig verrutscht sein sollte, können Sie es mit einem Wattestäbchen noch etwas nachbessern.

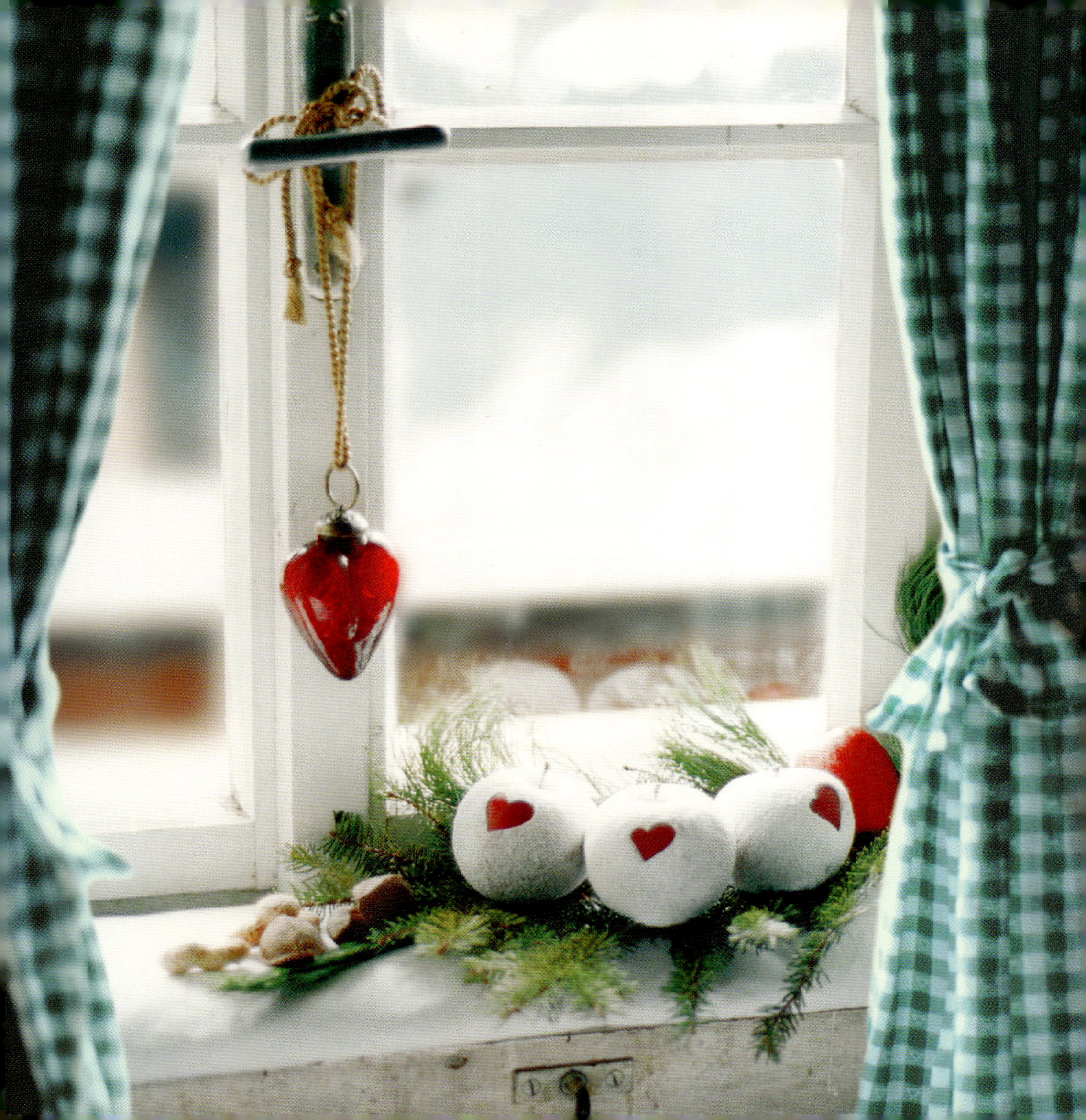

4_5

Schenk dir was!

Wie wär's mit einem Adventskalender – mit 24 Geschenken von Ihnen – für Sie? Gefüllt nicht mit Socken oder Schokolade, sondern mit 24 schönen Unternehmungen, eine für jeden Tag, bis Weihnachten. Lassen Sie sich was einfallen. Was macht Ihnen Spaß? Womit können Sie sich selber so richtig verwöhnen und eine Freude machen? Es muss ja nicht gleich ein tagesfüllendes Programm sein… Wie wär's mit Sauna, Kino oder einem Lavendelbad nach der Arbeit? Natürlich ist dieser Kalender auch eine tolle Idee für liebe Freunde.

Ingwertee gegen Erkältung

Ingwer ist ein echtes Allroundtalent: Er wirkt nicht nur stimulierend auf Kreislauf und Verdauung, sondern hat auch eine antibakterielle und entzündungshemmende Wirkung. Bei den ersten Anzeichen einer Erkältung oder Grippe wirkt ein frisch aufgebrühter Ingwertee wahre Wunder. Am nächsten Tag fühlt man sich meistens wieder völlig fit und der Tee schmeckt noch dazu richtig lecker. Schälen Sie ein etwa zwei Finger breites Stück Ingwer und schneiden es in kleine Würfelchen. Mit kochendem Wasser aufgießen und den Tee für etwa 7 Minuten ziehen lassen. Wer mag, süßt mit Honig.

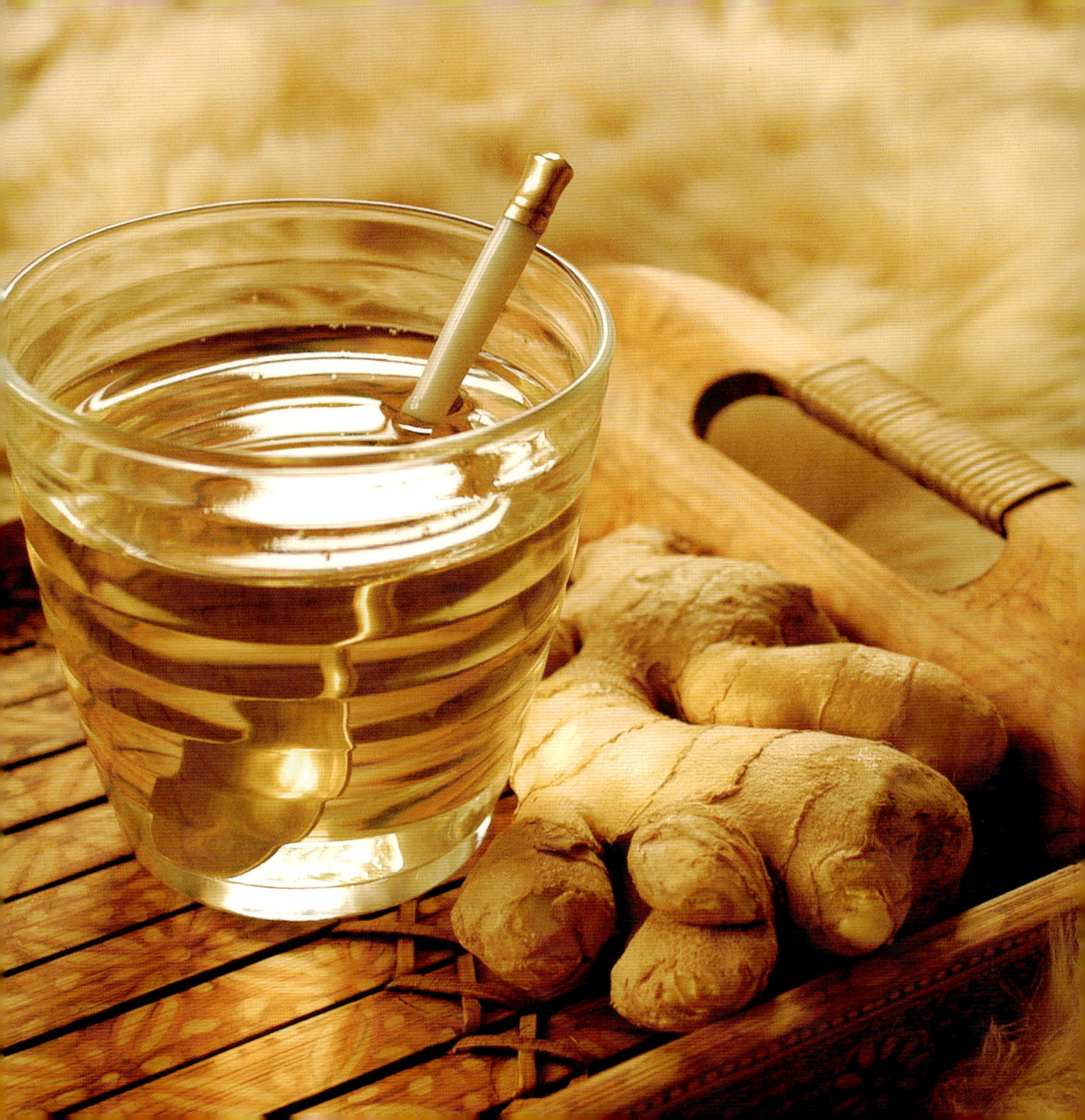

8_9

Advent

Es treibt der Wind im Winterwalde
die Flockenherde wie ein Hirt
und manche Tanne ahnt, wie balde
sie fromm und lichterheilig wird;
und lauscht hinaus. Den weißen Wegen
streckt sie die Zweige hin – bereit,
und wehrt dem Wind und wächst entgegen
der einen Nacht der Herrlichkeit.

Rainer Maria Rilke

Apfel, Nuss und Mandelkern...

Für 4 Stück:

- 4 rote Äpfel
- 40 g Butter
- 40 g Mandeln, gemahlen
- 2 TL Puderzucker
- 2 TL Rosinen
- 2 TL Cranberries

Bratäpfel

Die gemahlenen Mandeln mit Rosinen, Beeren und dem Puderzucker mischen. Das Kerngehäuse der Äpfel ausstechen und mit der Mandelmischung füllen. Eine Backform mit der Butter einfetten und die Äpfel darin verteilen. Bei 180 °C alles für 30 Minuten in den Ofen stellen. Zwischendurch die geschmolzene Butter mit einem Löffel über die Äpfel gießen.

12_13

Sticken wie zu Omas Zeiten

Sticken finden Sie spießig und altmodisch? Muss nicht sein. Das kommt ganz auf das Motiv an – und schließlich ist ein bisschen Retro auch wieder voll im Trend. Außerdem kann Sticken richtig Spaß machen: Mummeln Sie sich an einem kalten, verschneiten Abend in eine Decke ein, legen Sie Ihre Lieblingsmusik auf oder schauen Sie nebenher fern. Machen Sie es sich gemütlich und legen Sie los.

Schneegeflimmer

Da draußen schneit es: Schneegeflimmer
wies heute mir den Weg zu dir;
ein tret ich in dein traulich Zimmer
und warm ans Herze fliegst du mir –
ab schüttl' ich hintendrein die Welt,
nur leise noch von Schlittenglocken
ein ferner Klang herübergellt.

Theodor Fontane

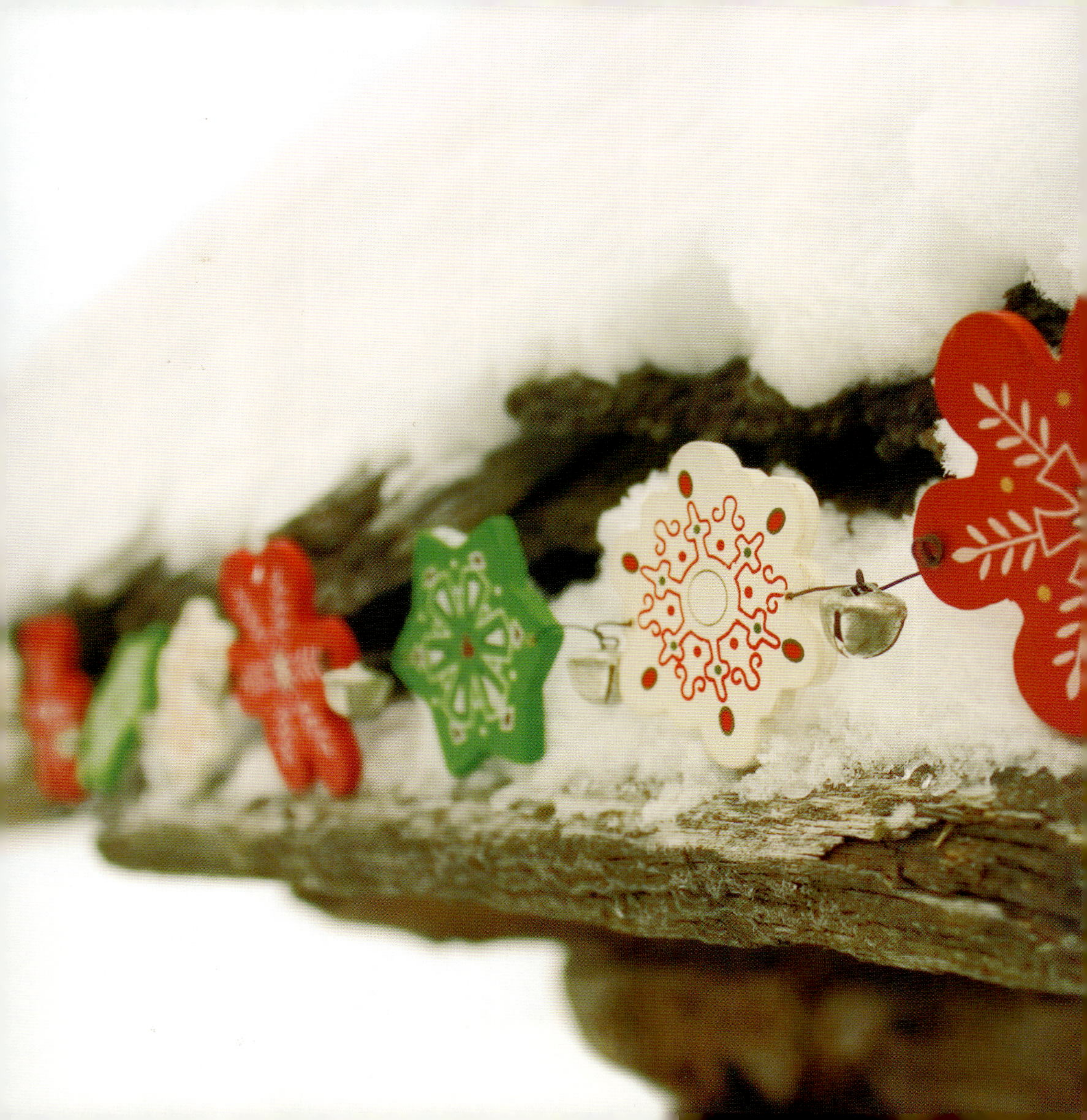

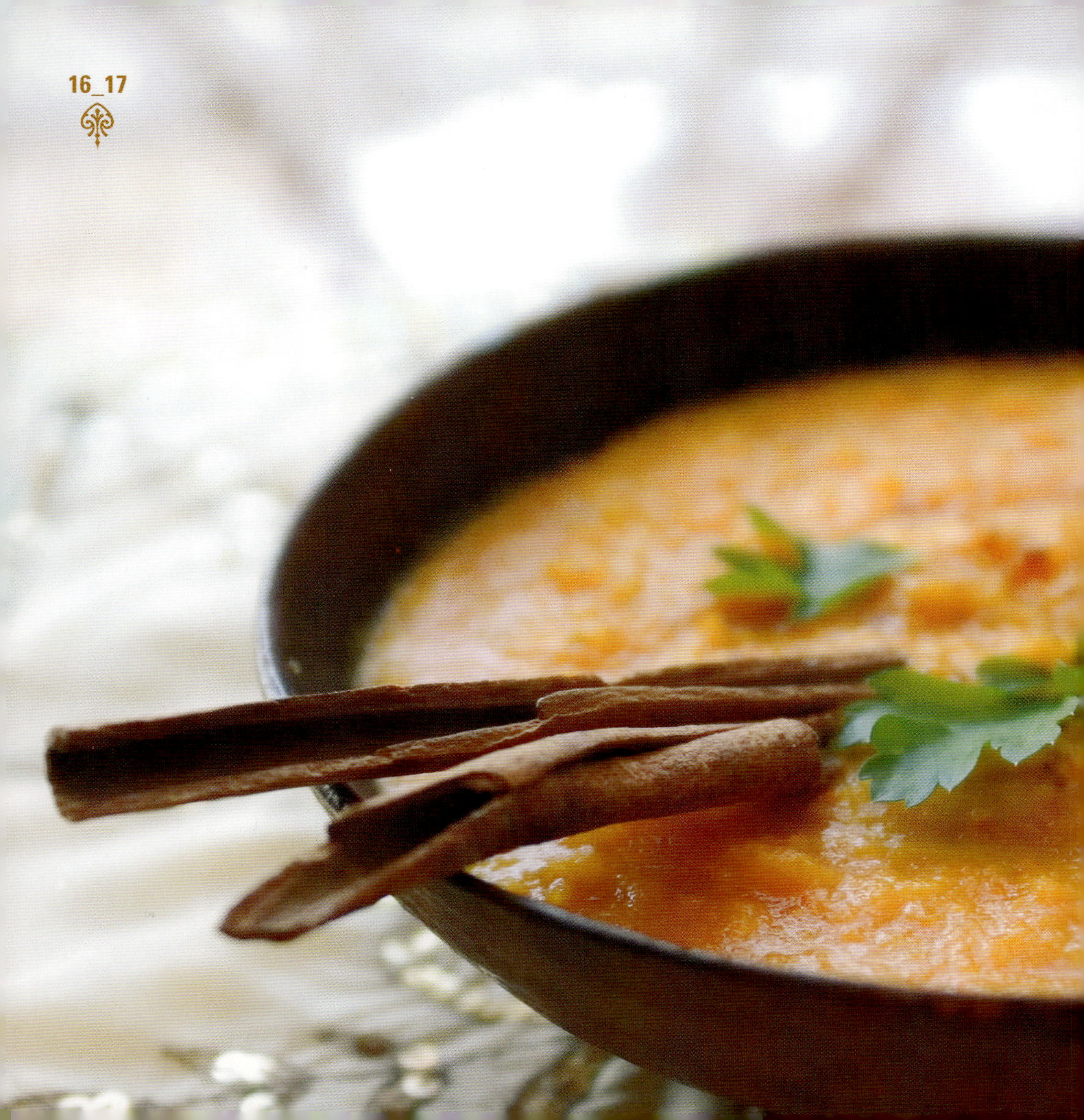

Für 4 Personen:

1 kg Karotten	Salz
3 Orangen	Pfeffer
0,5 l Brühe	4 Zimtstangen
1/2 TL Zimt	glatte Petersilie

Karotten-Orangensuppe mit Zimt

Die Karotten schälen, bissfest kochen und mit einem Zauberstab pürieren. Die Orangen auspressen und den Saft zusammen mit der Brühe und dem Zimt hinzufügen. Alles zusammen aufkochen und für etwa 10 Minuten köcheln lassen, mit Salz und Pfeffer abschmecken. Die Suppe auf die Teller verteilen und mit der glatten Petersilie und den Zimtstangen dekorieren.

18_19

Mögen Engel... ...dich begleiten...

Für jeden einen Engel…

Jeder braucht doch ab und zu mal einen Engel… Entwerfen Sie sich Ihren persönlichen Schutzengel, zeichnen Sie den Entwurf auf Papier und vervielfältigen Sie die Vorlage. Jetzt können Sie jedes Element (Flügel, Körper, Gesicht) einzeln ausschneiden und als Schablone verwenden. Aus verschiedenen Stoffresten genäht, lässt er sich überall anbringen: auf Kissen, Handtüchern, T-Shirts oder wo immer sich ein kleiner Schutzengel gut machen würde. Sollten Sie ihn in verschiedenen Größen verwenden, dann gehen Sie in einen Copyshop und lassen sich die Vorlage vergrößern bzw. verkleinern.

20_21

Morgen, Kinder, wird's was geben

Morgen, Kinder, wird's was geben,
morgen werden wir uns freun!
Welch ein Jubel, welch ein Leben
wird in unsrem Hause sein!
Einmal werden wir noch wach,
heißa, dann ist Weihnachtstag!

Wie wird dann die Stube glänzen
von der großen Lichterzahl!
Schöner als bei frohen Tänzen
ein geputzter Kronensaal!
Wisst ihr noch, wie vor'ges Jahr
es am Heil'gen Abend war?

August Heinrich Hoffmann von Fallersleben

Für ein Glas:

0,2 l Milch
eine Messerspitze Anis-Pulver
ein Anisstern
ein TL Honig

Milch mit Anisstern

Ein idealer Nachttrunk für diejenigen, die vor Heiligabend schon sooo aufgeregt sind: Anis entspannt und hilft beim Einschlafen. Die Milch erwärmen, Anis-Pulver und Honig unterrühren und mit einem Anisstern verzieren.

Für süße Träume ...

Sie brauchen:

Wärmflasche
Stoff
Kordel

Wärmflaschenüberzug

Der Überzug wird aus drei Teilen genäht: der Vorderseite und der Rückseite, die aus zwei einzelnen Teilen besteht. Für die Vorderseite legen Sie die Wärmflasche auf den Stoff und fahren mit einem Stift die Kontur nach. Geben Sie ringsum 2,5 cm hinzu, am Hals jedoch 5 cm. Den Stoff entlang dieser Linie ausschneiden. Für die Rückseite teilen Sie die Fläche horizontal in zwei Teile auf. Geben Sie entlang der Kontur diesmal an den Seiten 2,5 cm dazu, am Hals und am unteren Ende sollten es 5 cm sein, denn hier wird der Stoff umgeschlagen und gesäumt. Die Enden des hinteren Teils sollten einander überlappen, sodass durch diese Öffnung die Wärmflasche später eingeführt werden kann. Nähen Sie alle drei Teile zusammen. Die Öffnung für den Hals wird mit einer Kordel zusammengebunden.

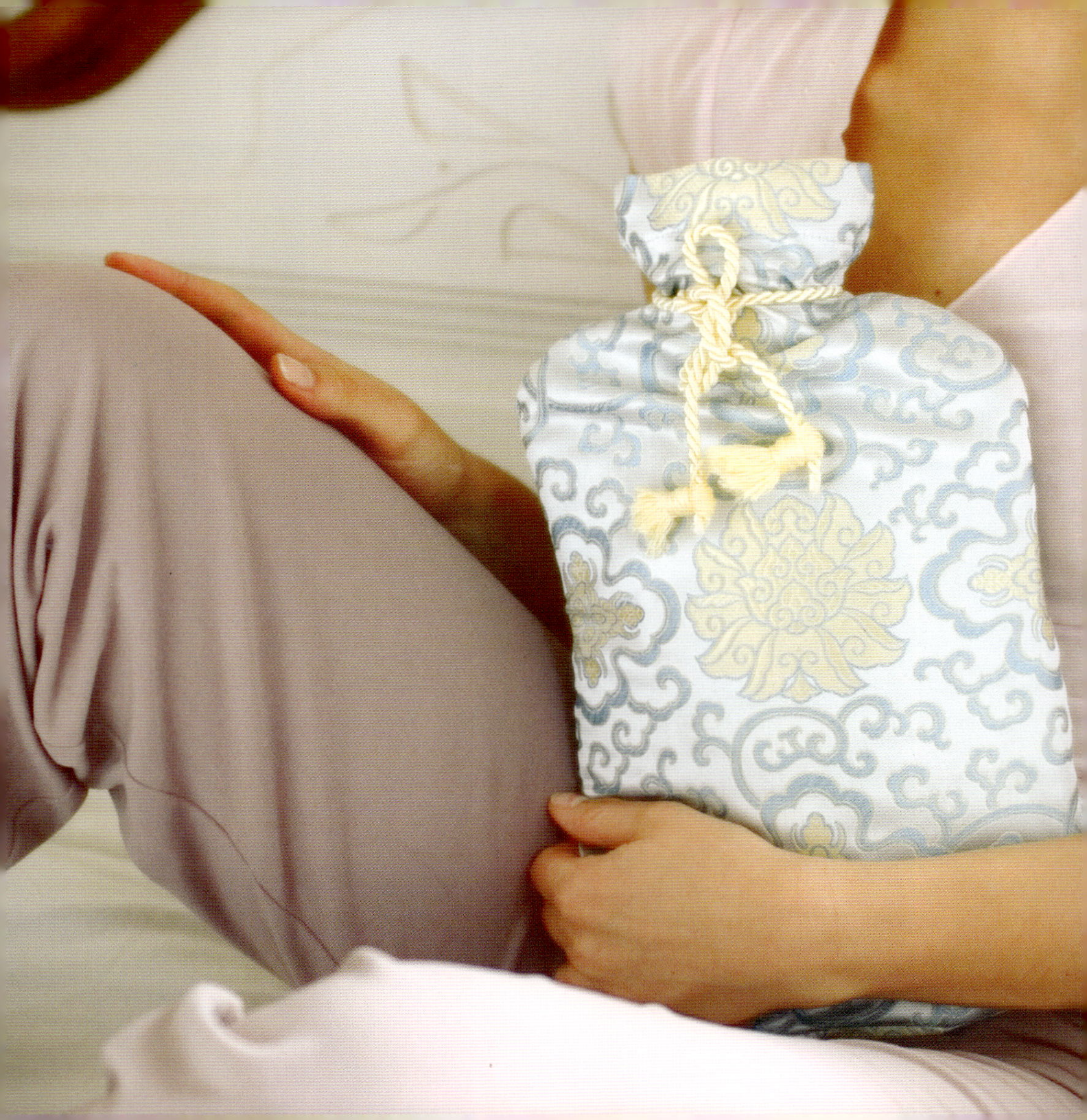

26_27

Für 20 Stück:

100 g Vollmilch-Kuvertüre
20 Rosenblätter
neutrales Speiseöl

Schokoladenblätter

Eine raffinierte süße Beigabe zum Tee oder einem winterlichen Eis: kleine Rosenblätter aus erstarrter Schokoladen-Kuvertüre. Rosenblätter abwaschen und trocknen lassen, dann mit einem Pinsel die Unterseite hauchdünn mit Öl bestreichen. Die Kuvertüre im Wasserbad schmelzen und vom Herd nehmen. Die Unterseite der Blätter durch die flüssige Kuvertüre ziehen und auf einem Backblech trocknen lassen. Erst wenn die Kuvertüre vollständig getrocknet ist, können die Rosenblätter vorsichtig abgezogen werden.

28_29

Sie brauchen:

Rosen in voller Blüte
farbloses Blumen-Tauchwachs

Ewige Rosenblüte

Rosen können mit Hilfe von Blumen-Tauchwachs, das es in Bastelläden zu kaufen gibt, für mehrere Monate konserviert werden. Das Wachs wird im Wasserbad geschmolzen. Entfernen Sie zunächst den Stängel, bevor Sie die Rose vorsichtig in das Wachs tauchen. Drehen Sie dabei die Blüte, damit sich das Wachs gleichmäßig verteilen kann und sich keine Tropfen bilden. Die Rose muss aber vollständig eingewachst werden, damit sie sich für lange Zeit hält. Vergessen Sie daher auch die Rückseite mit dem Fruchtknoten nicht. Danach sollte das Wachs antrocknen und der Vorgang noch einmal wiederholt werden.

Der Stern

Hätt einer auch fast mehr Verstand
als wie die Weisen aus Morgenland
und ließe sich dünken, er wäre wohl nie
dem Sternlein nachgereist wie sie;
dennoch, wenn nun das Weihnachtsfest
seine Lichtlein wonniglich scheinen lässt,
fällt auch auf sein verständig Gesicht,
er mag es merken oder nicht,
ein freundlicher Strahl
des Wundersternes von dazumal.

Wilhelm Busch

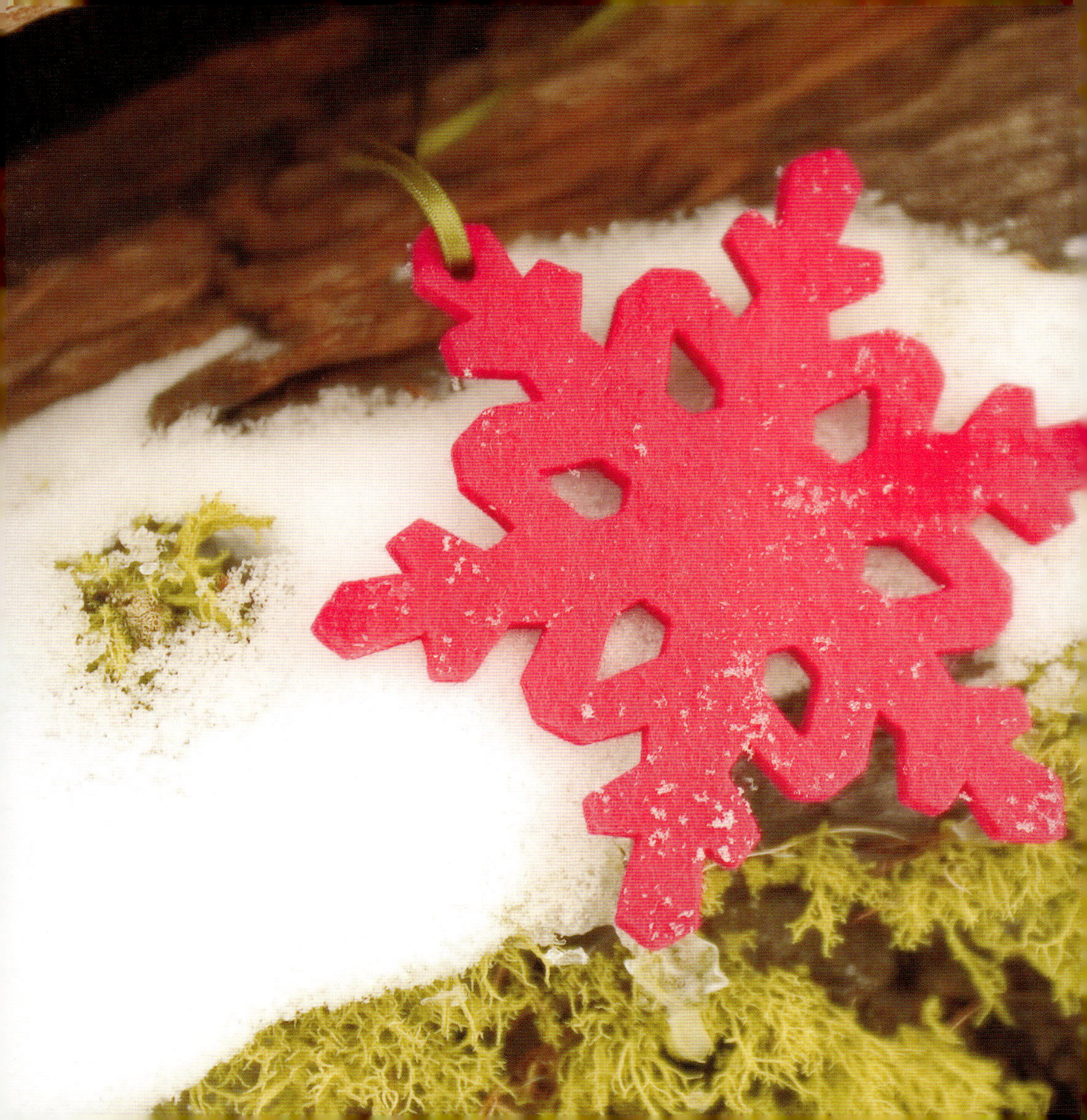

Sie brauchen:

Beeren
kleine Zweige
Kuchenform
Band

Eisobjekte für den Garten

Für diese gefrorene Winterdeko füllen Sie eine Kuchenform zur Hälfte mit Wasser auf und geben die Beeren und Zweige dazu. Lassen Sie das Wasser im Gefrierfach vollständig gefrieren. Die Form wieder herausnehmen, bis zum Rand mit Wasser aufgießen und erneut einfrieren. Das Objekt erst im Freien aus der Form nehmen, eventuell vorher kurz mit warmen Wasser übergießen, damit es sich besser löst.

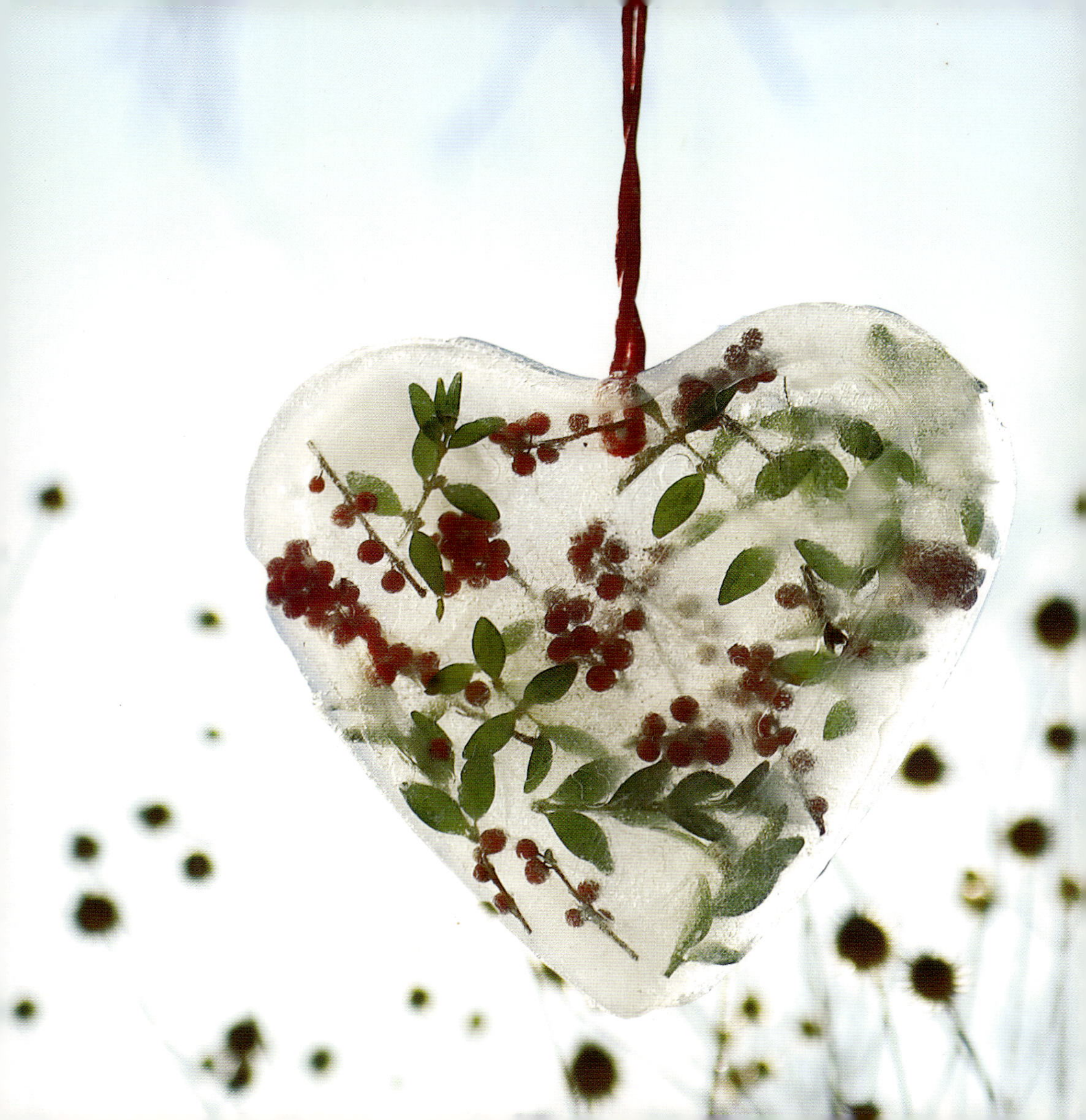

34_35

Sie brauchen:

Ornamente oder Scherenschnitte
Schwarz-weiß-Fotos
Pergamentpapier für Laserdrucker
alte Gläser
Teelichter

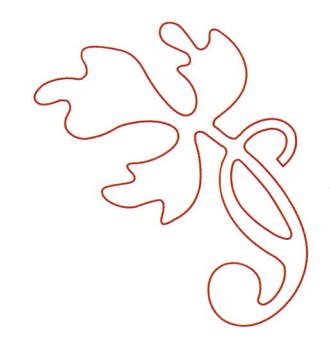

Winterliches Schattenspiel

Bilder, Scherenschnitte oder kontrastreiche Fotos kann man im Copyshop auf Pergamentpapier kopieren lassen. Im Normalfall funktioniert es mit Papier für Laserdrucker. Das Papier wird dann an den Enden zusammengeklebt und über ein Glas mit einem Teelicht gestülpt.

36_37

Hüttenzauber

Eingeschneit auf einer einsamen Berghütte, weit weg vom großen Weihnachtsstress… Mit Freunden Schneespaziergänge machen, das Essen überm offenen Feuer zubereiten und abends müde in das knarzige Holzbett fallen. Romantischer kann man Weihnachten kaum feiern. Verwirklichen Sie sich den Traum weißer Weihnachten und mieten Sie sich noch rechtzeitig eine Hütte. Das ist meistens nicht einmal so teuer. Fragen Sie z. B. beim Deutschen Alpenverein nach oder schauen Sie mal ins Internet und suchen sich Ihre Traumhütte aus.

38_39

Für ca. 20 Trüffel:

200 g Vollmilch-Kuvertüre
150 ml Sahne
250 g Butter
50 g Zucker
3 EL Rosenwasser (Apotheke)
Schokoladenstreusel

Trüffel mit Rosenwasser

Ein außergewöhnlicher Geschmack: Rosenwasser, das den Trüffeln zugegeben wird, verleiht ihnen eine dezente Note frischer Rosen. Sahne und Zucker aufkochen lassen, die Kuvertüre in kleinen Stücken hinzufügen und auf niedriger Flamme unterrühren, bis sie vollständig geschmolzen ist. Die Butter schaumig schlagen und mit der Masse vermengen. Das Rosenwasser hinzufügen und unter die Schokolade rühren. Im Kühlschrank erkalten lassen. Die Masse in einen Spritzbeutel geben, kleine Klecken auf ein Backblech geben und daraus kleine Kugeln formen. Anschließend die Kugeln in den Schokoladenstreuseln wenden und im Kühlschrank über Nacht erstarren lassen. Als Geschenk lassen sich die Trüffel wunderbar mit einer Wachsrose (von Seite 28) dekorieren.

Sie brauchen:

Borten, Schleifen, Perlen
Schaumgummi
Spitze, Lochmuster-Stoff
Lackfolie

eine Kartoffel
Plakatfarbe
Sprühfarbe
Dekozubehör

Weihnachtlich verpackt

① Die kleinen Flügelchen wurden mit der Kartoffeldruck-Technik auf das Papier gedruckt. Eine Kartoffel halbieren und mit einem scharfen Messer einen Stempel schneiden. Mit einem Pinsel Plakatfarbe auftragen und das Papier bestempeln.

② Aus Lackfolie eine Christbaumkugel schneiden, einen Stern ausstanzen und an ein kleines Stück einer Weihnachtskette hängen. Sterne und ③ Baum sind aus Schaumgummi geschnitten.

④ Auf unifarbenes Geschenkpapier wird ein Stück alte Gardine gelegt und dann mit Sprühfarbe vollständig besprüht. Nach kurzem Antrocknen kann der Stoff abgezogen und das Papier evtl. noch mit kleinen Perlen oder Pailletten beklebt werden.

⑤ Hier wurden Perlen in Blumenform auf ein Band gezogen.

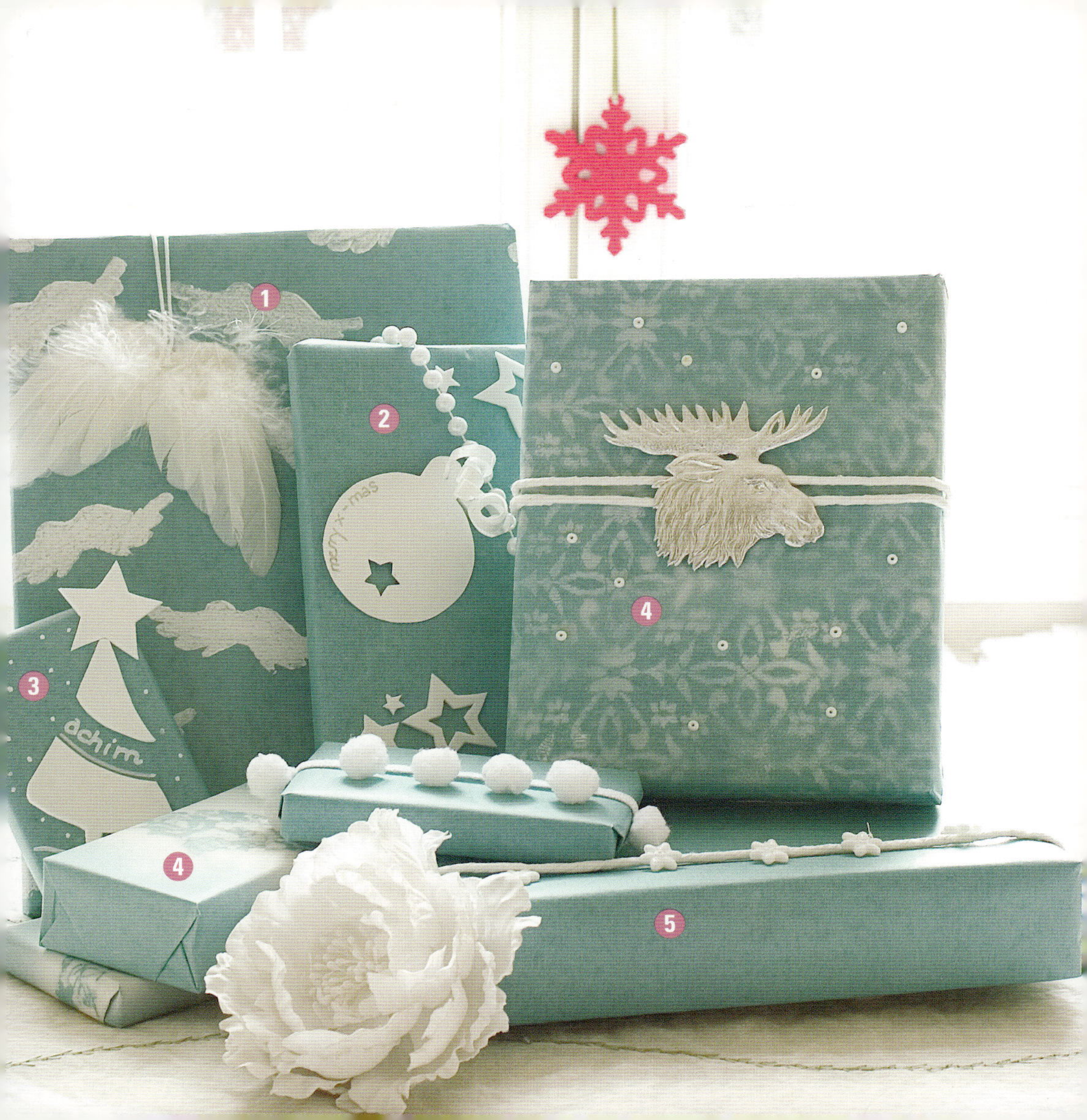
1
2
merry x-mas
3
achim
4
4
5

42_43

Geschmückt mit Winterblumen

Aus simplen Handschuhen und Pullis werden persönliche Unikate, wenn man sie ein wenig verschönert. Einfach ein Ornament aus Filz oder Stoff schneiden, mit Stecknadeln an der gewünschten Stelle befestigen und mit flauschiger Wolle annähen. Wer aber einmal damit anfängt, der kann vermutlich gar nicht mehr aufhören, denn kleine Verschönerungen machen sich fast überall gut…

Sie brauchen:

Christbaumkugeln
Glitterpaste oder
Glitterstift

Christbaumkugeln verschönern

Wer hat sie nicht zu Hause, langweilige unifarbene Christbaumkugeln, die sich über die letzten Jahre angesammelt haben? Anstatt neue zu kaufen, verschönern Sie die alten doch einfach! Bemalen Sie die Kugeln mit kleinen glitzernden Weihnachtsmotiven. Die Glitterpaste gibt es in Bastelläden auch als Stift zu kaufen, und nach einer Trockenzeit von etwa 6 Stunden können Sie bereits mit dem Schmücken des Weihnachtsbaumes beginnen.

Oh Tannenbaum…

46_47

Vom Christkind

Denkt euch, ich habe das Christkind gesehn!
Es kam aus dem Walde, das Mützchen voll Schnee,

mit rot gefrorenem Näschen.
Die kleinen Hände taten ihm weh,

denn es trug einen Sack, der war gar schwer,
schleppte und polterte hinter ihm her.

Was drin war, möchtet ihr wissen?
Ihr Naseweise, ihr Schelmenpack –

denkt ihr, er wäre offen, der Sack?
Zugebunden bis oben hin!

Doch war gewiss etwas Schönes drin!
Es roch so nach Äpfeln und Nüssen.

Anna Ritter

Badezusätze selber machen

Wohltuende Bäder sorgen für weiche Haut, neue Energie nach einem anstrengenden Tag oder einfach nur für Entspannung. Für ein Sahne-Duft-Bad für glatte Haut nehmen Sie 7 Tropfen ätherisches Rosenöl auf 5 EL Sahne und verteilen es im Wasser, ein paar Rosenblätter dazu und schon fühlen Sie sich wie Kleopatra. Entschlackend wirkt ein Zusatz von 125 g grobem Meersalz, dem eine halbe Tasse Honig und ein Liter Milch zugegeben werden kann. Sesamöl ist dem Hautfett am ähnlichsten: Eine halbe Tasse, die ins Wasser gegeben wird, regeneriert trockene Winterhaut. Ein Zusatz von 3 Tropfen Rosmarinöl auf 3 Tropfen Salbeiöl wirkt belebend und lässt sich auch wunderbar als Fußbad anwenden.

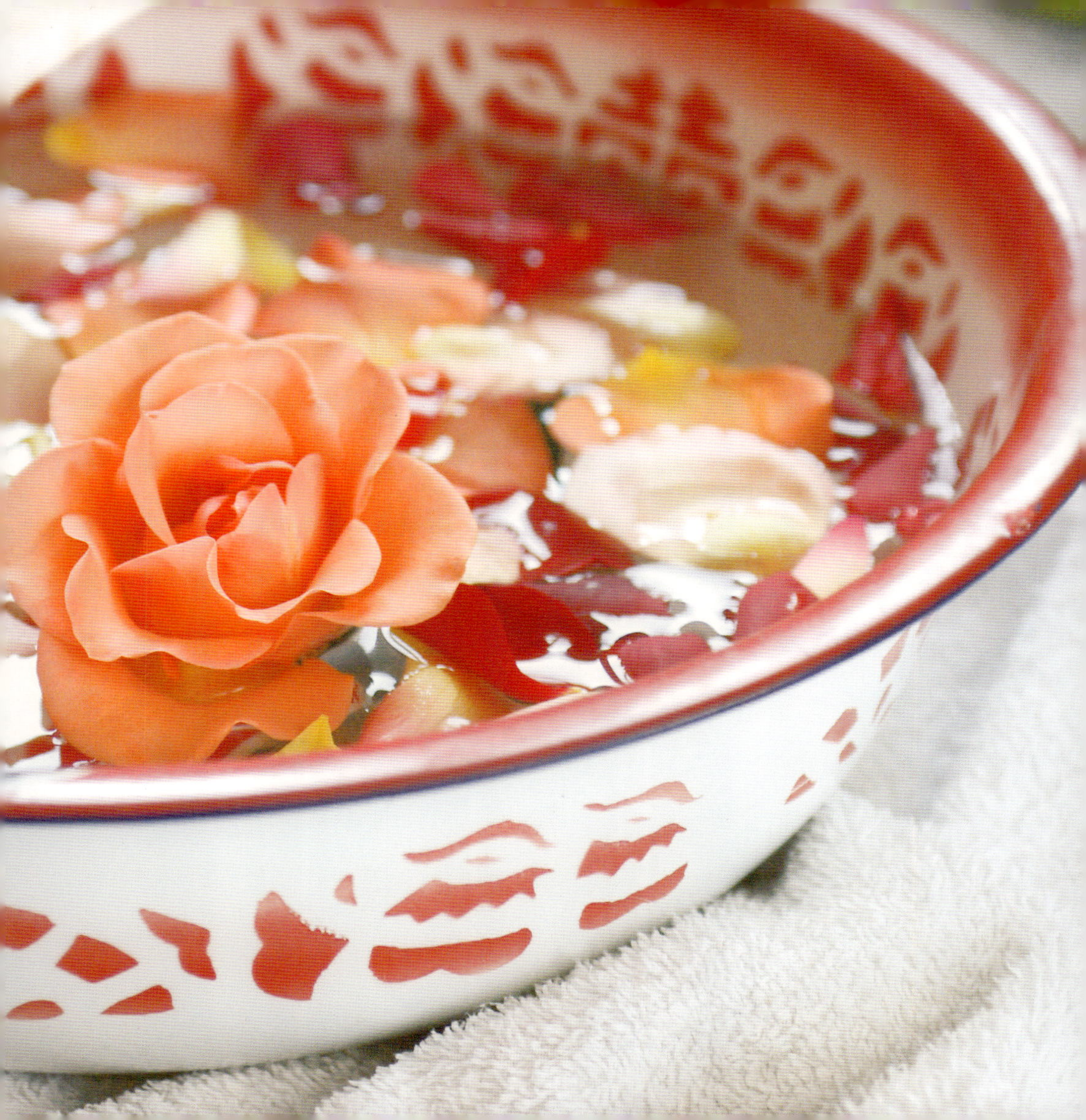

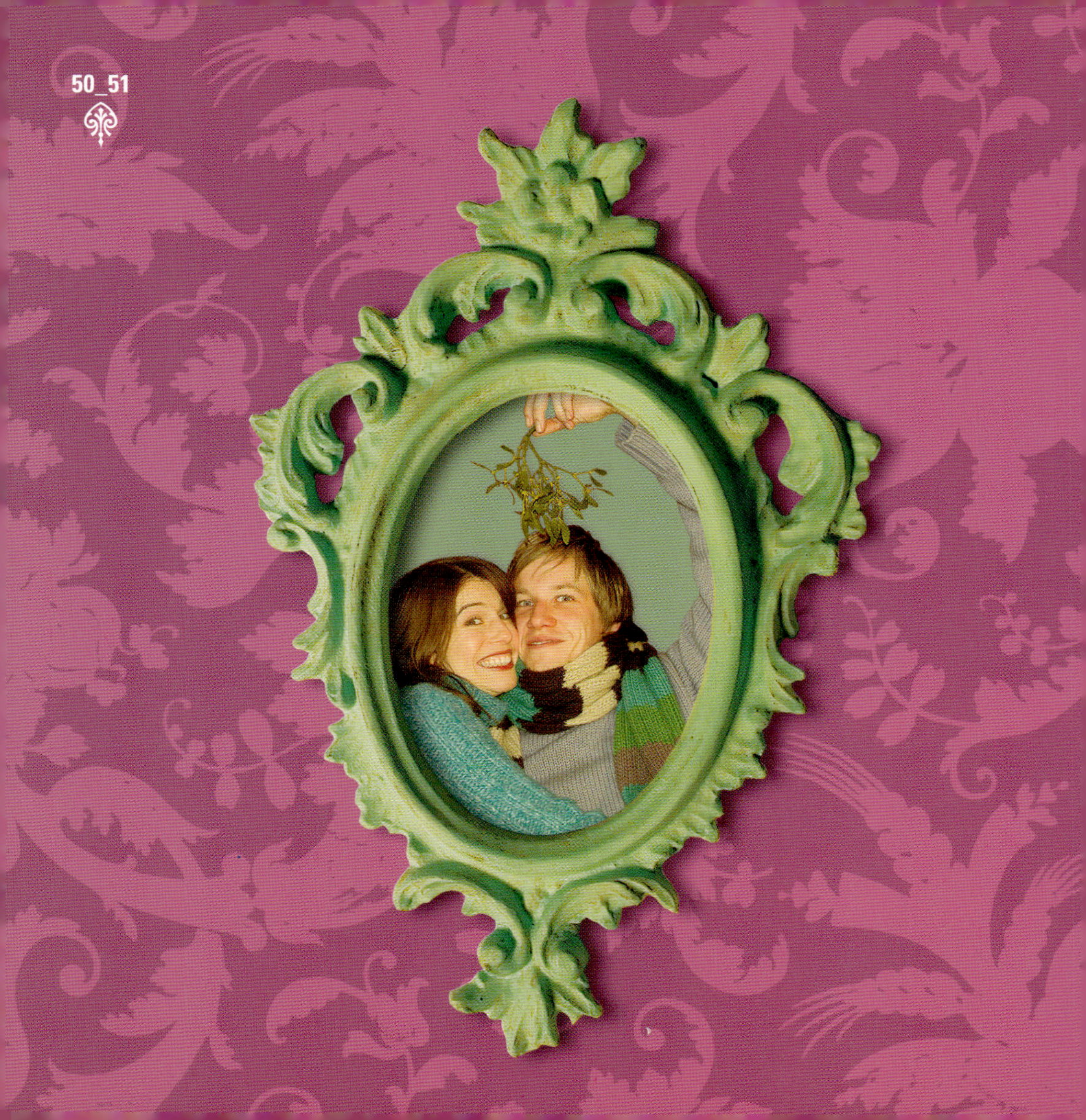

Küsse unter Mistelzweigen …

Schlau ist, wer sich in der Weihnachtszeit einen Mistelzweig über die Eingangstür hängt: Denn dann darf man Küsse ernten, und zwar von jedem, der drunter durch läuft. Glück gehabt, wenn dann so gut aussehender Besuch kommt! Für die Zeit zwischen Weihnachten und Neujahr sind besonders viele alte Bräuche überliefert, so bringt z. B. Erbsen- oder Linsensuppe, die an Silvester gegessen wird, den gewünschten Geldsegen im kommenden Jahr. Keinesfalls jedoch sollte es Geflügel geben, da sonst das Glück hinwegfliegt! Für das Glück in der Liebe trägen Frauen in Spanien und Italien rote Unterwäsche in der Silvesternacht, allerdings funktioniert dieser Trick wohl nur, wenn ihnen das gute Stück auch geschenkt wurde. Und für Frauen, die es schaffen, einen Apfel in der Mitte durchzuschneiden ohne dabei einen Kern zu zerstören, sollen im kommenden Jahr sogar die Hochzeitsglocken läuten.

Sie brauchen:

echten Filz, 2 mm Stärke
Garn oder Wolle
zylinderförmige Gläser

Filzmäntel für Teegläser

Halten den Tee länger warm und sehen außerdem sehr winterlich aus: Filzmäntel verschönern schlichte Gläser. Schneiden Sie ein rechteckiges Stück Filz zurecht, das genau um das Glas passt, am besten machen Sie sich hierfür erst eine Vorlage aus Papier. Den Filzstreifen eng um das Glas legen und die Enden aneinander heften. Den Streifen wieder abziehen und die Enden zusammennähen. Das kann ruhig schief und krumm aussehen wie hier auf dem Foto. Ein persönliches Weihnachtsgeschenk, das sich ganz schnell umsetzen lässt: Pro Glas braucht man etwa eine halbe Stunde.

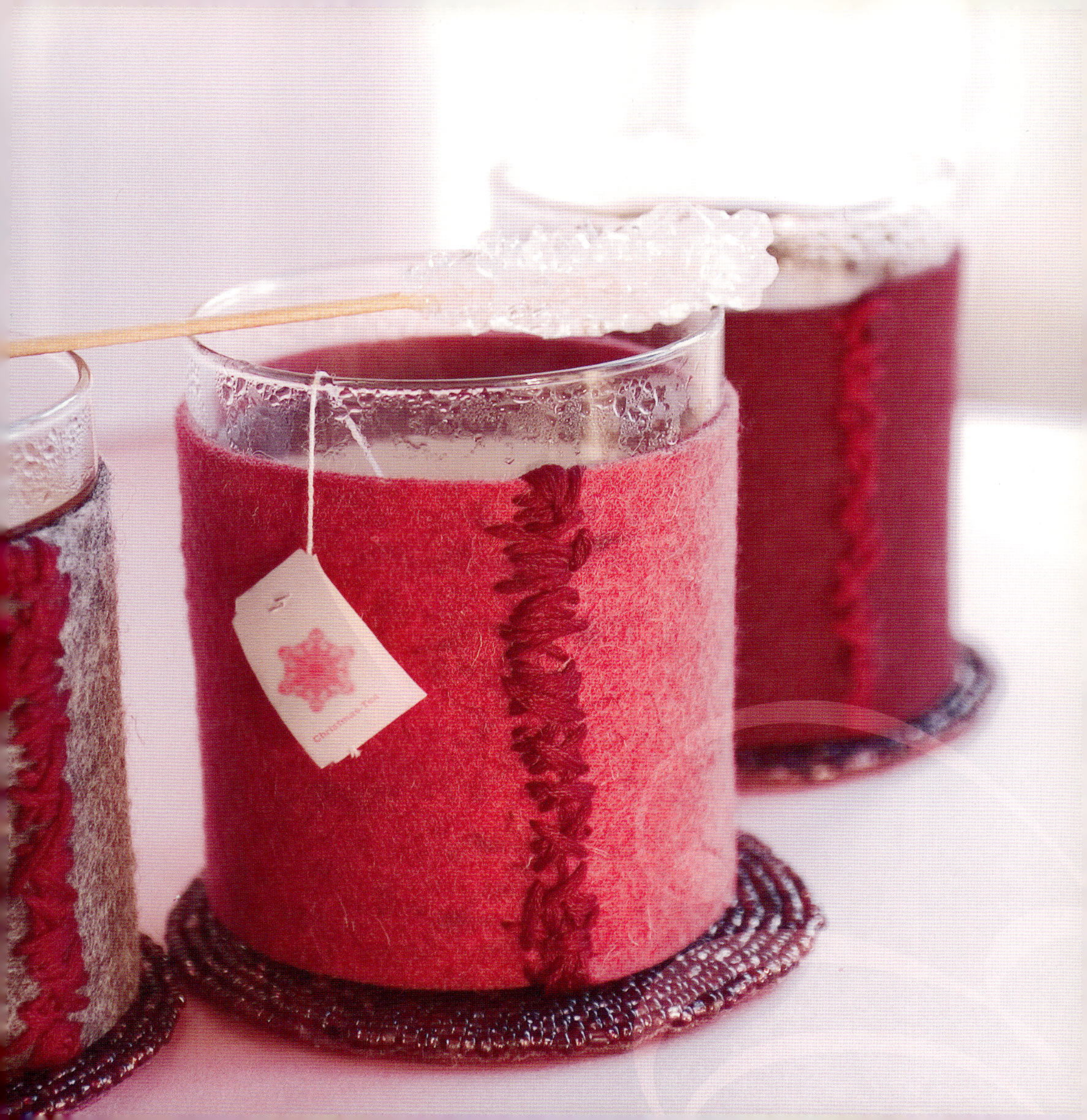

Schnee

Schnee, zärtliches Grüßen
der Engel,
schwebe, sinke –
breit alles in Schweigen
und Vergessenheit!
Gibt es noch Böses,
wo Schnee liegt?
Verhüllt, verfernt er nicht
alles zu Nahe und Harte
mit seiner beschwichtigenden
Weichheit und dämpft selbst
die Schritte des Lautesten
in leise?
Schnee, zärtliches Grüßen
der Engel
den Menschen, den Tieren! –
Weißeste Feier
der Abgeschiedenheit.

Francisca Stoecklin

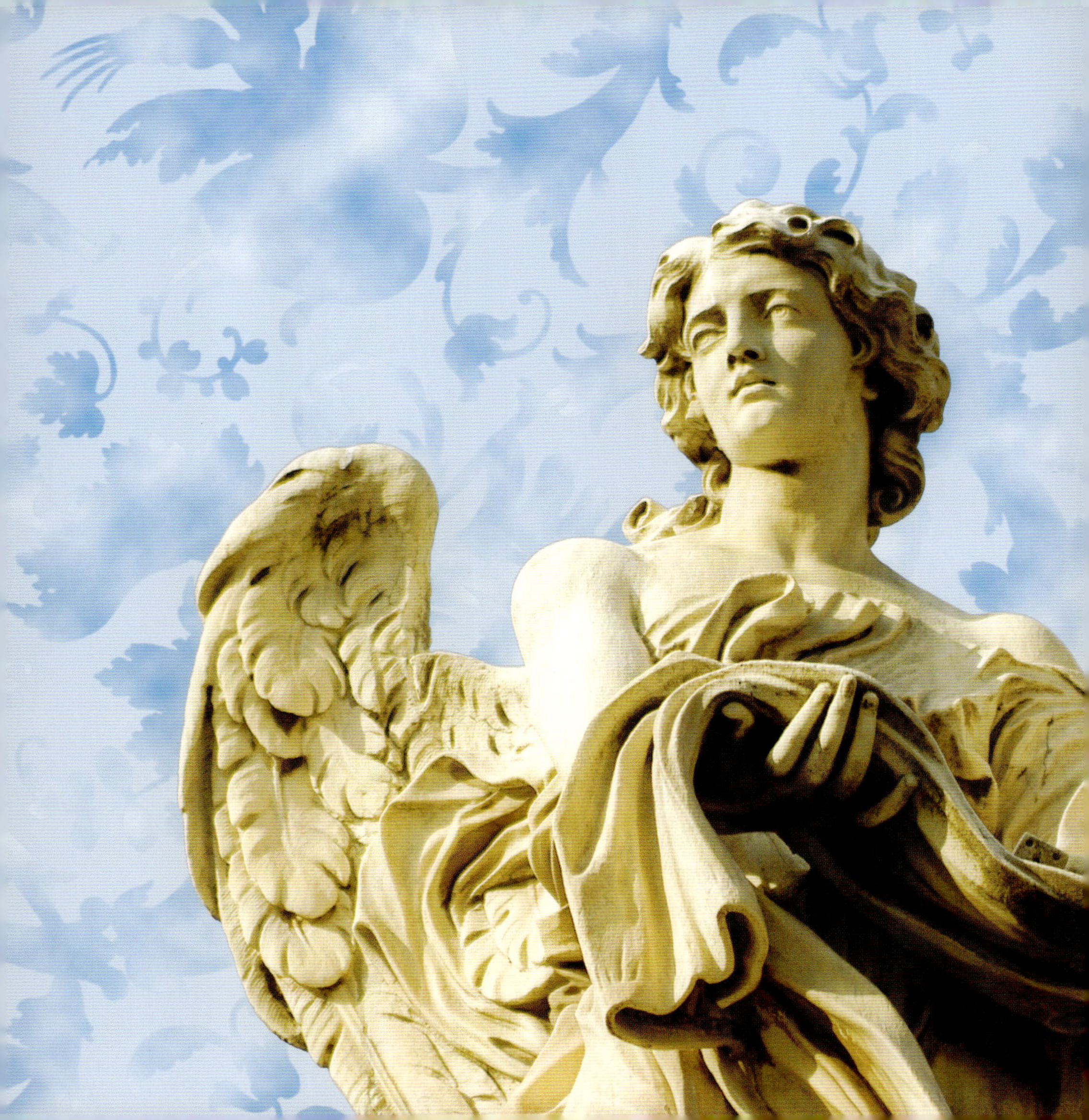

Inhalt

Tipps und Tricks:

- **4** Schenk dir was!
- **36** Hüttenzauber
- **48** Badezusätze selber machen
- **50** Küsse unter Mistelzweigen

Bastelideen:

- **12** Sticken wie zu Omas Zeiten
- **18** Für jeden einen Engel
- **24** Wärmflaschenüberzug
- **28** Ewige Rosenblüte
- **32** Eisobjekte für den Garten
- **34** Winterliches Schattenspiel
- **40** Weihnachtlich verpackt
- **42** Geschmückt mit Winterblumen
- **44** Christbaumkugeln verschönern
- **52** Filzmäntel für Teegläser

Rezepte:

- **2** Schneeäpfel
- **6** Ingwertee gegen Erkältung
- **10** Bratäpfel
- **16** Karotten-Orangensuppe mit Zimt
- **22** Milch mit Anisstern
- **26** Schokoladenblätter
- **38** Trüffel mit Rosenwasser

Gedichte:

- **8** Advent *Rainer Maria Rilke*
- **14** Schneegeflimmer *Theodor Fontane*
- **20** Morgen, Kinder, wird´s was geben *August Heinrich Hoffmann von Fallersleben*
- **30** Der Stern *Wilhelm Busch*
- **46** Vom Christkind *Anna Ritter*
- **54** Schnee *Francisca Stoecklin*